LA HISTORIA DE
GRETA

LA HISTORIA DE GRETA

¡NO ERES DEMASIADO PEQUEÑO PARA HACER COSAS GRANDES!

LA BIOGRAFÍA NO OFICIAL DE GRETA THUNBERG

Obra editada en colaboración con Editorial Planeta – España

Título original: *La storia di Greta. Non sei troppo piccolo per fare cose grandi*

Ilustración de portada: Veronica «Veci» Carratello

2019, Texto: Valentina Camerini
© 2019, Traducción: Delivering
Ilustraciones: Veronica «Veci» Carratello

Publicado originalmente en italiano por © 2019 DeA Planeta Libri S.r.l. Redazione: via Inverigo, 2 – 20151 Milano.

Bajo el sello editorial PLANETA M.R.
Avenida Presidente Masarik núm. 111, Piso 2
Colonia Polanco V Sección, Miguel Hidalgo
C.P. 11560, Ciudad de México
www.planetadelibros.com.mx

Primera edición impresa en España: junio de 2019
ISBN: 978-84-08-21395-6

Primera edición impresa en México: enero de 2020
ISBN: 978-607-07-6405-9

Impreso en los talleres de Litográfica Ingramex, S.A. de C.V.
Centeno núm. 162-1, colonia Granjas Esmeralda, Ciudad de México
Impreso en México –*Printed in Mexico*

Índice

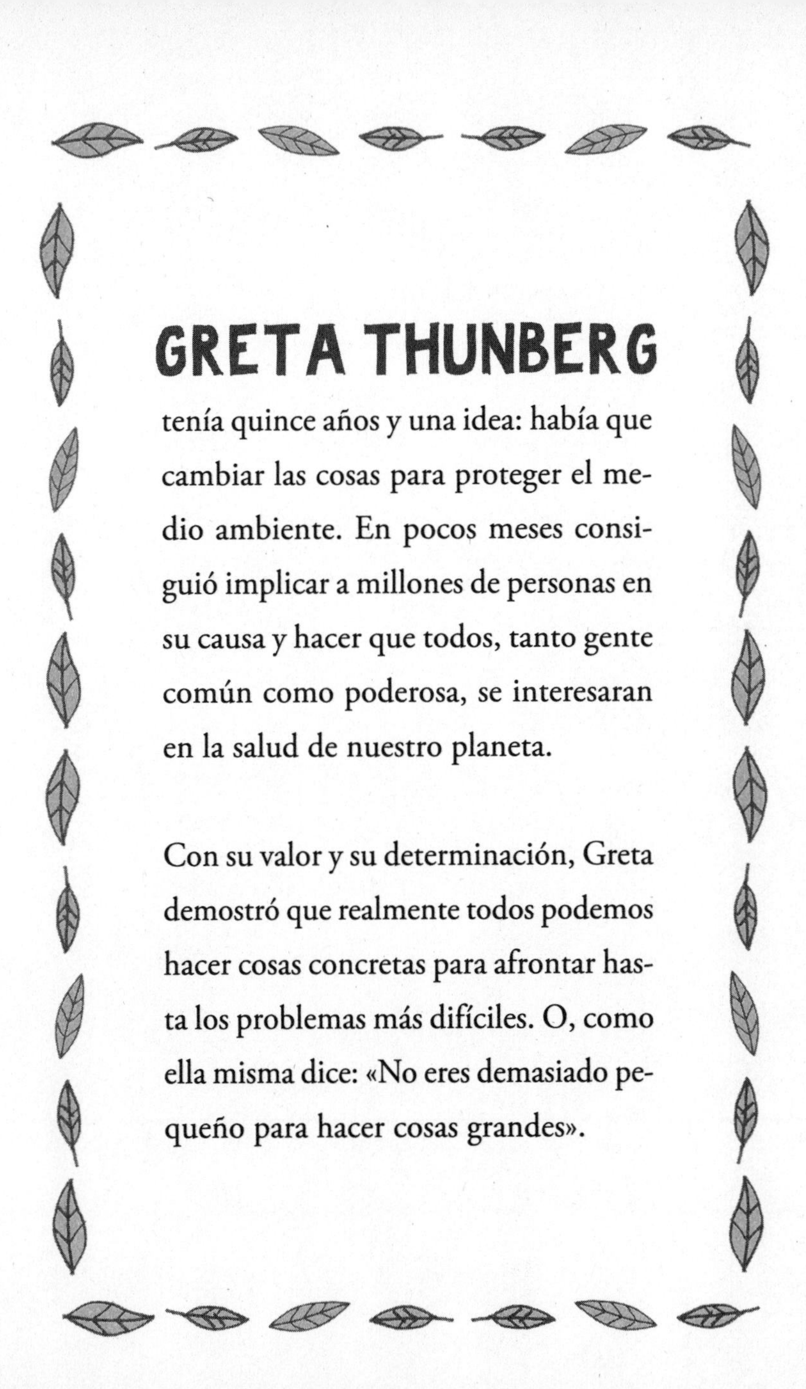

GRETA THUNBERG

tenía quince años y una idea: había que cambiar las cosas para proteger el medio ambiente. En pocos meses consiguió implicar a millones de personas en su causa y hacer que todos, tanto gente común como poderosa, se interesaran en la salud de nuestro planeta.

Con su valor y su determinación, Greta demostró que realmente todos podemos hacer cosas concretas para afrontar hasta los problemas más difíciles. O, como ella misma dice: «No eres demasiado pequeño para hacer cosas grandes».

1

Fue una mañana de agosto, en Estocolmo, cuando Greta Thunberg decidió que no podía seguir pasando por alto la situación del planeta: el cambio climático era cada vez más preocupante, pero nadie parecía tomarse en serio el problema.

En los parlamentos de países de todo el mundo, cientos de políticos se sentaban con expresión muy seria para discutir sobre infinitas cuestiones, sin mencionar nunca la salud de la Tierra. Había llegado el momento de que alguien les recordara lo urgente que era intervenir para proteger el medio ambiente —y, con él, el futuro de los jóvenes— antes de que fuera demasiado tarde. Todo lo demás podía esperar.

Así pues, aquel día Greta se recogió el largo pelo en dos trenzas, se puso una blusa de cuadros y una chamarra deportiva azul, y salió de la casa donde vivía con sus padres con un cartel de madera bajo el brazo. En él había escrito a mano «SKOLSTREJK FÖR KLIMATET» («Huelga escolar por el clima»). También había preparado unos folletos para repartir, con datos muy importantes sobre el cambio climático que, en su opinión, todos deberían conocer.

Greta tenía quince años y, como cualquier otro joven sueco de su edad, aquel día tendría que haber ido a clase. En Suecia, el año escolar empieza en agosto. Pero ella tomó su bicicleta y pedaleó hasta el Parlamento, situado en uno de los barrios más céntricos de la ciudad.

El Parlamento sueco se encuentra en un hermoso palacio de aspecto serio, grande e imponente, que ocupa una pequeña isla en el centro de la ciudad con un nombre un poco difícil: Helgeandsholmen. No es nada raro que esté en una isla, porque Estocolmo es una ciudad construida sobre islas, algunas minúsculas y otras tan grandes que puedes pasearte por ellas pensando que estás en tierra firme.

El Riksdag, como lo llaman los suecos, es el lugar donde se sientan los parlamentarios elegidos por el pueblo para hablar de los problemas del país y promulgar las leyes necesarias para examinarlos y resolverlos. Los que verdaderamente podían tomar medidas eran ellos, los parlamentarios. Si no se habían dado cuenta de lo urgente que era detener el calentamiento global, Greta iba a recordárselos.

Naturalmente, con cada una de nuestras acciones diarias, todos podemos comprometernos a reducir la contaminación y el despilfarro para disminuir al máximo nuestro impacto en la salud del planeta. Pero eso no es suficiente. No basta con la buena voluntad de los individuos. Ante una cuestión tan complicada, era necesario cambiar las reglas y pensar nuevas leyes para proteger el medio ambiente. Y eso solo podían hacerlo los hombres y las mujeres del Parlamento. Así que aquella mañana Greta se dirigió precisamente allí.

Aquel día, el 20 agosto de 2018, Greta comenzó su huelga escolar.

Así explicó sus razones: «Los niños no hacen lo que se les dice, sino que siguen el ejemplo». Y, puesto que los adultos no tomaban cartas en el asunto, ella iba a hacer lo mismo que ellos: no ir a clase. Estaba en huelga, como hacen muchas veces «los adultos» cuando protestan por lo que les interesa: en lugar de ir al trabajo, se juntan en la calles y plazas, llevando carteles y pancartas. La diferencia era que Greta se manifestaba sola por el bien de todos.

Los transeúntes miraban llenos de curiosidad a la chica del cartel, preguntándose quién sería y qué estaría haciendo. Se quedó allí sentada todas las horas que tendría que haber pasado en clase, desde las 8:30 de la mañana hasta las 3 de la tarde. El primer día estuvo todo el tiempo sola, y ningún parlamentario le hizo mucho caso. Pero Greta no se desanimó.

A la mañana siguiente se levantó temprano, se vistió, tomó la bicicleta y volvió a sentarse delante del Parlamento, llevando consigo de nuevo el cartel. La huelga continuaba.

Sin embargo, durante aquel segundo día de protesta, sucedió algo maravilloso: algunos transeúntes, en lugar de lanzarle una mirada intrigada y seguir andando, decidieron acercarse a ella. Greta ya no estaba sola, a su lado había más chicos y chicas.

Al tercer día se formó un buen grupo de personas sentadas en el suelo. La mayoría eran jóvenes, pero también había una mamá con un bebé en un carrito, una señora de pelo blanco, un estudiante que se había traído un libro para leer. Los manifestantes charlaban unos con otros.

Aquellos últimos días del verano sueco, el tiempo aún era soleado.

Al sexto día de huelga, Greta comenzó a proponerles a todos que hablaran de la protesta

también en las redes sociales, que compartieran fotos e información. Así, la gente que no pudiera unirse a los manifestantes tendría la posibilidad de demostrar su apoyo con un mensaje, un «me gusta» o simplemente compartiendo información. La noticia de lo que estaba sucediendo se difundió. Naturalmente, ella también cumplía con su parte: todos los días colgaba una foto de la *skolstrejk*, la huelga escolar, en su diario de Instagram. Amigos, compañeros de clase y conocidos comenzaron a interesarse: ¿a qué hora estarás allí?, ¿podemos venir nosotros también? Para Greta, todos eran bienvenidos.

Cada vez más personas se sentaban a su lado delante del Parlamento, en huelga, decidiendo llegar más tarde al trabajo o a la escuela, saltarse el desayuno en la cafetería o no hacer las compras. Día tras día, alrededor de Greta crecía el grupo de ciudadanos dispuestos a seguir su ejemplo y escuchar sus palabras, convencidos de que tenía toda la razón. Había que intervenir para salvar nuestro planeta, lo más pronto posible y sin excusas.

Los parlamentarios pasaban delante de Greta para dirigirse a sus despachos en el Riksdag. La mayoría de ellos no le prestaban atención, pero alguno se paraba para felicitarla y decirle que estaba haciendo un excelente trabajo.

Toda la ciudad empezó a contar la historia de Greta, la quinceañera de las trenzas. Llegaron los primeros periodistas, curiosos y otras personas que deseaban demostrar su solidaridad. Venían madres con sus pequeños, abuelos y muchísimos jóvenes. Alguno llevaba a Greta algo de comer y beber.

Al cabo de nueve días la protesta seguía adelante, pero las autoridades obligaron a los manifestantes a trasladarse a Mynttorget, una bonita plaza situada en la isla de Gamla Stan, en el centro histórico de la ciudad. No estaba lejos del Parlamento, así que no les importó. Greta quería manifestarse, no violar la ley.

Mientras tanto, el mundo sentía cada vez más curiosidad por lo que estaba ocurriendo en Estocolmo, y un importante periódico inglés, *The Guardian*, decidió contar la historia de Greta. El histórico diario, en su edición en línea, dedicó todo un artículo a la *skolstrejk för klimatet*. El titular decía: «*The Swedish 15-year-old who's cutting class to fight the climate crisis*» («La quinceañera sueca que falta a clase para combatir la crisis del clima»).

Un gran número de gente se enteró por los periódicos de la huelga por el clima, y les pareció buena idea. Muchos suecos que vivían en otras ciudades, grandes y pequeñas, de punta a punta del país, escucharon el llamado de Greta y organizaron la misma protesta.

En Linköping, una ciudad del sur del país, un grupo de personas se reunió junto a una fuente del centro con un cartel idéntico al de Greta. Desde Roma llegó la foto de una bicicleta; un cartel, apoyado en los pedales, decía: «GRAZIE, GRETA!

ANCHE NOI SIAMO CON TE» («¡Gracias, Greta! Nosotros también estamos contigo»).

Desde aquella mañana de agosto en la que salió de casa por primera vez en dirección al Parlamento, Greta tenía en la cabeza un objetivo claro: hacer huelga hasta el 7 de septiembre, el día en el que debían celebrarse las elecciones y los ciudadanos suecos saldrían a votar a sus representantes, los hombres y las mujeres que se sentarían en el Parlamento.

Al ver que mucha gente apoyaba su iniciativa, le pareció buena idea hacer saber al máximo de personas posible que había una huelga por el clima. Se repartieron folletos para invitar a todo el mundo a participar en el último día de protestas. En ellos se anunciaba:

¡HUELGA POR EL CLIMA!

¿DÓNDE? ¡EN MYNTTORGET!

¡EL VIERNES 7 DE SEPTIEMBRE!

DE 8:00 A 15:00

TRAE ALGO DE COMER,

DE BEBER Y UN TAPETE DE BAMBÚ

PARA SENTARTE.

El 6 de septiembre, el verano se había acabado y el cielo gris parecía anunciar lluvia. Greta se puso su impermeable amarillo y, en Instagram, escribió al mundo que el suyo era un grito de auxilio. Lo que pedía era razonable: un futuro en el planeta Tierra. Todos estaban convocados a participar.

Y al día siguiente, el 7 de septiembre, decenas de personas respondieron al llamamiento. Por fin había periodistas, políticos y ciudadanos de Suecia (y de otros países) que se interesaban en este asunto.

Entre otras cosas, Greta recordó a la gente allí reunida que los gases de efecto invernadero debían restringirse

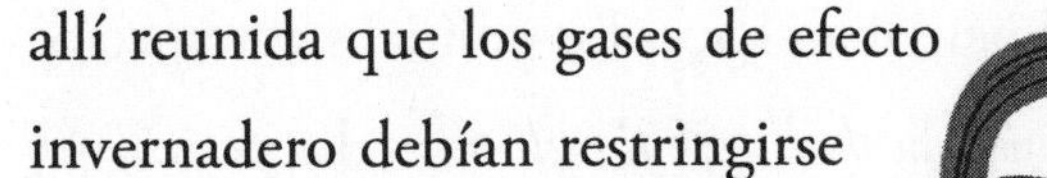

a toda costa para evitar que el calentamiento global hiciera imposible la vida en el planeta. Entonces, ¿por qué los políticos candidatos en las elecciones no habían dado máxima prioridad a la solución del problema? ¿Por qué durante las semanas anteriores se había pasado por alto el tema del medio ambiente?

En su perfil de Instagram, Greta difundió un gráfico que indicaba cuánto habría que reducir las emisiones de los peligrosos gases de efecto invernadero para evitar que el calentamiento fuera irreversible.

¿Qué pensaban hacer los políticos al respecto?

Gracias a la *skolstrejk för klimatet*, las peticiones de Greta llegaron a oídos de los parlamentarios suecos. Ahora solo faltaba esperar su respuesta.

Pero la huelga de Estocolmo fue solo el principio…

2

Greta no siempre había sido una heroína valiente, famosa en todo el mundo por su determinación. Al contrario: antes de comenzar su increíble aventura enfrente del Parlamento sueco, era una chica retraída, silenciosa y tímida. La típica estudiante que sigue las clases en silencio, sentada donde nadie se fija en ella, en las últimas filas. En su vida no había ocurrido nada especialmente llamativo, nada que hiciera sospechar que algún día convencería a centenares de miles de jóvenes para seguir su ejemplo.

Eso sí, el tema del medio ambiente le interesaba desde hacía mucho tiempo. Todavía era una niña cuando oyó hablar de él por primera vez. A los ocho años descubrió que el clima del planeta estaba cambiando a marchas forzadas.

En el colegio, los profesores muchas veces recordaban a los alumnos lo importante que era apagar las luces cada vez que se salían de una habitación, para ahorrar electricidad, y no desperdiciar el agua ni la comida. Todas estas recomendaciones despertaron el interés de Greta, que hizo una pregunta muy simple: «¿Por qué?».

Entonces le explicaron que el ser humano, con sus actividades diarias, podía provocar un cambio climático.

Esa situación le pareció muy grave a Greta: si de verdad estaban así las cosas, todos deberíamos estar muy preocupados. En efecto, no hacía falta una carrera universitaria para darse cuenta de que se trataba de un asunto muy serio, y a ella, que aún era una niña, le resultaba aterrador. Pero, extrañamente, ningún adulto parecía darle mucha importancia. ¡Y eso era lo más preocupante de todo!

¿Cómo podía ser que ninguno de los «mayores» que conocía no estuviese haciendo algo para resolver ese problema que estaba frente a las narices de todo el mundo?

¿Por qué en la televisión, en los periódicos y en internet se hablaba de infinitas cuestiones sin importancia, pero no de esta?

¿Cómo podían seguir todos tranquilamente con su vida mientras el mundo corría el peligro de terminar sacudido por una catástrofe ambiental?

Greta no encontraba respuesta a aquellas preguntas. Acabó por sentirse muy muy triste. Puede que los adultos no se preocuparan, pero ella sí.

Greta tenía algo que la diferenciaba de los demás niños, y no era solo su gran interés por el medio ambiente. Un tiempo antes, cuando tenía once años, los médicos le habían diagnosticado el síndrome de Asperger.

Cuando una persona con este síndrome se interesa por un tema, suele darle vueltas y más vueltas sin poder quitárselo de la cabeza. Eso era justo lo que le ocurría a ella.

Todos los días nos bombardean con infinidad de historias, datos y noticias; nos impresionan, emocionan y preocupan, pero al poco tiempo —casi siempre— nos olvidamos de ellos, inmersos como estamos en nuestros quehaceres. Podemos estar muy preocupados por la contaminación, pero acabamos arrinconando esos pensamientos y usamos el coche o la moto para salir con nuestros amigos, sin pararnos a pensar en los gases de escape ni en cómo contaminan el aire. Pero eso a Greta no le resultaba tan fácil. Su cerebro funciona de una forma un poco distinta al de los demás. Para ella, el mundo es blanco o negro, hay situaciones justas y situaciones injustas. No se puede pensar que la contaminación sea terrible y luego seguir contaminando como si nada.

Un tiempo antes, en el colegio, pasaron un documental sobre el plástico que invade los océanos. En la pantalla aparecían osos polares hambrientos y animales sufriendo. Como al resto de la clase, a Greta le impresionó y preocupó mucho aquella historia. Había estado llorando durante todo el rato. Sin embargo, en cuanto las luces volvieron a encenderse después de la película, sus compañeros empezaron a hablar de otras cosas: de la hora del recreo, de lo que iban a hacer por la tarde o de los deberes para el día siguiente. Greta, en cambio, no conseguía hacer eso. Las imágenes del planeta contaminado por el plástico se le quedaron grabadas y no podía quitárselas de la cabeza.

Como estaba muy interesada en el tema, Greta participó en un concurso convocado por un diario sueco, el *Svenska Dagbladet*. Se documentó mucho y escribió un artículo. Fue considerada la mejor de todos los participantes y ganó la competición. Su artículo fue publicado, y diversos activistas por el medio ambiente (es decir, personas comprometidas en defender la causa ecologista) se pusieron en contacto con la joven autora, intrigados por aquella chica tan preparada.

De este modo, gracias al periódico, Greta tuvo la oportunidad de conocer a personas que compartían sus preocupaciones. Se dedicaron a pensar en formas de llamar la atención de sus conciudadanos sobre el tema y a buscar soluciones juntos. Por desgracia, ninguna de las numerosas ideas que surgieron los convencían de verdad, y al final no se hizo nada. Pero Greta no estaba dispuesta a rendirse.

La cabeza de Greta tenía otra característica muy especial: podía concentrarse muchísimo en cualquier cosa que despertara su curiosidad. Las personas con síndrome de Asperger pueden ser muy determinadas y capaces de implicarse de un modo extraordinario. Durante años, Greta se dedicó a estudiar el cambio climático a fondo, informándose hasta un punto poco habitual para una chica de su edad.

Sabía tanto como un experto: durante una visita escolar a un museo, se dio cuenta de que algunos datos sobre las cantidades de dióxido de carbono escritos en los paneles explicativos eran inexactos. Se enfadó tanto por aquellos errores que se separó de los compañeros, se perdió la visita y se sentó en la entrada del museo.

Cuanto más leía, más detalles preocupantes descubría. Se preguntaba cuál sería su futuro si las temperaturas del planeta seguían subiendo. Eran pensamientos sombríos y aterradores, muy difíciles de afrontar sin acabar presa de un gran malhumor.

Por desgracia, Greta nunca había sido muy habladora, por lo que guardó para sí toda esa angustia, hasta sentirse tan triste y abatida que no era capaz de salir de casa por las mañanas para ir a la escuela.

Tenía once años cuando toda esa tristeza se convirtió en una auténtica enfermedad que los médicos llaman *depresión*. Era como si se hubiera roto algo dentro de ella. Dejó de hablar, de leer e incluso de comer. En dos meses perdió cerca de diez kilos. Le parecía que no valía la pena vivir, porque había demasiada injusticia en el mundo. No podía explicar qué le estaba sucediendo, permanecía muda y ausente.

Sus padres, Svante y Malena, se preguntaron si habría ocurrido algo en la escuela, pero los profesores les contestaron que no. Decían que Greta era excesivamente tranquila, que tendía a aislarse de los demás, que hablaba poco. Pero su madre, Malena, no veía la relación: no le parecía que su forma de ser fuera un problema. Ella misma había sido una niña silenciosa e introvertida. ¿Qué tenía eso de malo? Al crecer, ella misma había encontrado fuerza en la música. Ser cantante la había ayudado a ganar seguridad, a encontrar su lugar en el mundo.

Fue un periodo muy duro para Malena, su madre, que se encontró dividida entre los compromisos de trabajo y las dificultades de su hija. Malena era la protagonista de un importante espectáculo en Estocolmo en el que debía cantar y bailar delante de miles de espectadores. Aunque debería haber sido una época feliz para ella, le resultaba terrible salir al escenario sabiendo que en casa sus dos hijas estaban mal.

Y es que, mientras Greta sufría con la depresión, su hermana pequeña, Beata, empezó también a tener problemas. No soportaba el barullo, los ruidos la agobiaban y le costaba mucho ir a clase, igual que a Greta.

Las dos hermanas visitaron a muchos médicos para intentar comprender qué problema tenían exactamente. No fue sencillo, pero finalmente los médicos consiguieron poner nombre a lo que hacía distintas a Greta y Beata: el síndrome de Asperger. Ahora, sus padres podían encontrar la solución adecuada para que las dos niñas pudieran volver a llevar una vida normal, paso a paso.

Muchas situaciones que a la mayoría de la gente le parecen perfectamente normales se vuelven a menudo insoportables para las personas con el síndrome de Asperger. La vida cotidiana puede llegar a ser muy complicada. En estas circunstancias, Greta y Beata no podían volver a la escuela a la que iban.

Sus padres fueron muy comprensivos con las dificultades de sus hijas. La situación era tan grave que decidieron dejar de trabajar para dedicarse a ellas y ayudarlas a superar aquel momento tan difícil.

Greta no se veía capaz de ir a clase con sus compañeros, y nadie quiso obligarla: durante un año no fue a la escuela. Se quedaba en casa, sentada en silencio en el sofá. La principal preocupación de sus padres era convencerla de que volviera a comer.

Pero, aparte de visitar médicos, no había mucho que hacer para pasar el tiempo. Los días trascurrían lentamente en la gran casa de madera de la familia, situada en lo alto de una colina, y la tristeza no se iba. Las cosas cambiaron el día en que Greta empezó a abrirse. Descubrió que hablar de sus miedos con sus padres la hacía sentir un poco mejor.

Los padres de Greta se interesaban en todo aquello que ocurría en el mundo, estaban convencidos de que todos los seres humanos tienen derecho a vivir en un entorno pacífico. Pero Greta les hizo notar que, aunque tenían razón en preocuparse tanto por el ser humano, estaban olvidando un punto esencial: el ambiente en el que vive. Mientras dirigían sus pensamientos a las personas que huían de las guerras, seguían viajando, comiendo carne y conduciendo coches, acciones dañinas para el planeta.

Al principio le daban respuestas tranquilizadoras, le decían que todo se arreglaría. A Greta le sentaba bien compartir sus pensamientos, era agradable sentirse escuchada, pero sabía perfectamente que los problemas no se arreglan solos, en especial los que son tan graves como el cambio climático.

Como no iba a la escuela, Greta tenía más tiempo libre que nunca. Pensó que sería una buena idea intentar argumentar mejor su punto de vista: sus padres la escuchaban y estaban dispuestos a debatir con ella acerca de los problemas medioambientales, pero no parecían comprender del todo la gravedad de la cuestión. Así pues, Greta comenzó a mostrarles fotos, gráficos, estadísticas, datos. Los hacía sentarse en el sofá, delante de películas y documentales. Les mostró artículos de periódico y reportajes escritos por periodistas famosos. Ante toda aquella información, sus padres empezaron a preocuparse ya no solo por su hija, sino también por el planeta. Efectivamente, la Tierra también estaba pasándolo mal.

¿Y si Greta tenía razón y todos los demás estaban cometiendo un grave error al no preocuparse?

Svante y Malena empezaron a comprender que el problema estaba en ellos mismos y en su estilo de vida, que no era ecosostenible. Greta no podía aceptar que su familia viviese de una forma tan irresponsable. Para ellos fue una enorme revelación. De repente, gracias a su hija, habían abierto los ojos al gran problema del medio ambiente.

Algo había cambiado. Empezaron a prestar verdadera atención a lo que les decía. Ya no hablaban con ella solo para consolarla, sino que estaban interesados, preocupados, atentos a las cuestiones que ocupaban su mente.

Fue eso lo que desbloqueó la situación: Greta, que ya tenía quince años, comprendió que podía marcar la diferencia. Del mismo modo que había convencido a sus padres, tal vez conseguiría hacer razonar también a otras personas. Estar deprimida le pareció de pronto una pérdida de tiempo: tenía que volver a la escuela y seguir con su vida, había muchísimo que hacer.

Gracias a Greta, sus padres cambiaron su forma de ver las cosas. Malena Ernman, su madre, era una cantante de ópera famosa en todo el país. Svante Thunberg, su padre, también era artista: un actor y escritor que había aparecido en numerosas películas suecas. Su trabajo los obligaba a menudo a viajar por el mundo. Malena salía mucho de gira para dar conciertos.

Greta comenzó a hacerla reflexionar sobre el impacto ambiental que tenía cada avión al que se subía para volar a cualquier ciudad lejana, incluso a la otra punta del mundo. Los motores, para sostener en el aire a centenares de pasajeros con su equipaje, consumen combustible y producen dióxido de carbono, un gas que se acumula en la atmósfera y hace subir las temperaturas.

Una vez, Malena viajó a Tokio para un concierto importante, que fue transmitido por televisión y seguido por muchísimos espectadores. Era un viaje muy emocionante para ella, porque le permitió actuar delante de un público nuevo. Cuando volvió, Greta le hizo razonar sobre el impacto medioambiental que había tenido aquel viaje. No tenía sentido alegrarse por un éxito profesional y al mismo tiempo pasar por alto las repercusiones negativas en el medio ambiente.

El estilo de vida de la familia Thunberg era criticable en muchos aspectos, no solo por los viajes en avión. Con mucha paciencia, Greta iba explicando a sus padres una cosa tras otra. Estaba muy informada y preparada. Citaba a científicos y respondía a todas las preguntas que le hacían. Malena y Svante no sabían mucho sobre estos temas. Solo tenían unas nociones vagas. Al principio intentaban rebatirle, pero pronto se quedaron sin argumentos. Su hija tenía razón en todo.

Además, Greta predicaba con el ejemplo: se propuso tener mucho cuidado a la hora de comprar cosas. Si no eran absolutamente necesarias, prescindía de ellas. Decidió no viajar más en avión, y se conformaba si no podía irse de vacaciones a lugares lejanos y exóticos. Por Estocolmo se desplazaba en bicicleta: pedaleaba sin preocuparse del clima, que en Suecia puede ser especialmente gélido. Pero, para combatir el frío, la lluvia y la nieve, basta con abrigarse mucho. Para los viajes más largos utilizaba el tren.

Sus padres no solo aceptaban estas decisiones, sino que acabaron compartiéndolas. Malena dejó de utilizar el avión para sus frecuentes viajes de trabajo. Durante años, Malena solía desplazarse de un extremo a otro del mundo, llevando consigo a su familia. Cuando Greta era un bebé, los Thunberg viajaban de un escenario a otro. Malena era una cantante muy popular y tenía programados muchísimos conciertos. Como no podía dejar a la pequeña Greta en casa, Svante dejó de actuar para acompañar a su esposa de gira. Había elegido sacrificar provisionalmente su carrera para estar con su familia.

Después de Greta nació su hermana Beata y, con dos niñas pequeñas, no había elección: al menos uno de los dos padres debía tomarse un descanso en el trabajo. A Svante no le desagradaba la idea de alejarse de los escenarios para criar a sus hijas. Además, le gustaba viajar.

Cuando Greta y Beata se hicieron un poco mayores, los Thunberg se quedaron a vivir en Estocolmo, pero Malena seguía teniendo bastantes conciertos, incluso en el extranjero, en países a los que solo se podía ir en avión.

Ahora, convencida por Greta, renunció a su carrera internacional. Prefería ser un poco menos famosa pero poner su grano de arena para proteger el medio ambiente. Svante se hizo vegetariano como su hija: gracias a los libros de Greta, había descubierto cuánto contamina la cría intensiva de animales. Empezaron a cultivar verduras en un pequeño huerto en las afueras de la ciudad, instalaron placas solares y se compraron un coche eléctrico, que usaban solo en caso de verdadera necesidad. Para los desplazamientos cotidianos, iban en bicicleta.

Poco a poco, los Thunberg fueron eliminando todas las malas costumbres y conductas que podían agravar la situación del planeta.

Greta había vencido su primera batalla.

Greta siempre había prestado mucha atención a las cuestiones relacionadas con el clima, pero aquel verano de 2018 había sido extraordinario. Hizo muchísimo calor, mucho más de lo normal. Los suecos iban en camiseta de tirantes, escapaban del sol y se mojaban los pies en las frías aguas del mar Báltico. Para muchas personas, esto no tiene nada de particular. Al fin y al cabo, ¿no es así el verano?

Pero Suecia se encuentra en Escandinavia, una parte del mundo que ocupa un rincón muy al norte del mapamundi. El verano escandinavo se parece a la primavera de los países mediterráneos. El aire es templado y el sol brilla muchas horas, pero no con tanta intensidad como en el sur de Europa.

Sin embargo, aquel año había traído al norte unas temperaturas récord. Las más calientes jamás registradas en 262 años.

Aunque el calor puede ser agradable para el que no conozca la preocupación del calentamiento global, todo el mundo entiende que los incendios son un verdadero problema. Una catástrofe. Y, durante el verano que acababa de pasar, el fuego no había dejado de ser noticia.

Hubo incendios de punta a punta del país, incluso en el extremo norte. En la región de Laponia sucedió algo nunca visto: más de sesenta incendios devastaron bosques enteros. Y eso se debió en parte a las altas temperaturas, al clima seco, a la ausencia casi total de lluvia durante dos larguísimos meses.

Los pocos bomberos que había disponibles allí arriba no daban abasto, y pedían ayuda y refuerzos para afrontar la situación. Nunca había ocurrido algo así, y no estaban preparados. Acudieron voluntarios, helicópteros e incluso militares del ejército, pero el fuego parecía imparable. Se evacuaron pueblos enteros, porque era demasiado peligroso quedarse cerca de los incendios. El cielo veraniego se cubrió de humo negro. Gunnar Lundström, el jefe de bomberos del pueblo de Jokkmokk, estuvo trabajando durante casi dos días seguidos, sin pararse a descansar.

El termómetro llegó a señalar 30 °C, una temperatura impensable para la gélida Laponia, que pasa la mayor parte del año cubierta por un manto de nieve. Todos hablaban de lo que estaba sucediendo, los periódicos aparecían en los quioscos con titulares alarmantes. ¿Es que nadie iba a hacer algo concreto para cambiar esto?

Greta sí.

En realidad, en comparación con muchos otros países del mundo, Suecia se toma las cuestiones del medio ambiente con gran seriedad. Los políticos suecos son conscientes del problema y han intentado afrontarlo. Fueron los primeros del mundo occidental en escribir y promulgar una ley para reducir las emisiones de los gases de efecto invernadero, con el ambicioso objetivo de reducirlos a cero en el año 2045. Si todos hiciéramos como los suecos, seguramente le haríamos un gran favor a nuestro planeta.

Pero, para Greta, eso no era suficiente. Era necesario hacer más y sin esperar tantos años. Lo decían los científicos, y no había ningún motivo para no creérselo.

Sin embargo, últimamente se había tratado muy poco ese tema. Era preocupante, porque en los meses anteriores a las elecciones, los políticos de varios partidos iban dando su opinión en los periódicos, la televisión e internet sobre los temas que consideraban más destacados. Explicaban lo que harían si salían elegidos e intentaban convencer a los electores de sus ideas. Durante una campaña electoral, se exponen y se debaten los temas que se consideran de mayor importancia. Pero, a pesar de los incendios que habían devastado el país, durante aquel verano pocos mencionaron el cambio climático. Era como si los políticos no estuvieran especialmente interesados en la situación.

Por todo eso, Greta consideró que las semanas anteriores a las elecciones eran un momento clave. Era necesario que alguien tuviera el valor de reclamar la atención de los políticos y recordarles la verdadera prioridad.

3

La protesta de Greta llamó la atención de todos, tanto de los parlamentarios como de los ciudadanos que tenían que votar, hacia la cuestión ambiental y el compromiso tomado unos años antes por los dirigentes mundiales, un compromiso que muchos parecían haber olvidado.

Había ocurrido en París, apenas tres años atrás. En 2015, los políticos de 195 países —¡prácticamente todos!— se reunieron en la capital francesa para hablar del cambio climático. Hacía ya un tiempo que los científicos habían señalado un fenómeno muy preocupante: las temperaturas del planeta estaban aumentando año tras año.

Todo el que estuviera pendiente de los termómetros había notado con desconcierto que en el último siglo hacía cada vez más calor. Los inviernos eran menos fríos que en el pasado, y los veranos más calurosos. Los científicos estuvieron dando vueltas a este tema hasta que encontraron la explicación: la culpa es de los gases de efecto invernadero producidos por el ser humano. Estos gases suben al cielo y se acumulan encima de nosotros. Allí forman una capa que deja pasar los rayos solares, pero luego retiene el calor y no lo deja escapar. Entre los gases de efecto invernadero, el que más se acumula en el cielo es el dióxido de carbono, que el ser humano produce en grandes cantidades.

Por este motivo esos 195 países enviaron a París a sus representantes. El objetivo era alcanzar un acuerdo para producir y emitir al medio ambiente menos dióxido de carbono y, de esta forma, limitar al máximo el calentamiento global.

Un grado más en el termómetro parece poca cosa, casi no se nota. Sin embargo, el daño que puede producir es enorme. Si las temperaturas suben, el hielo se funde. El Polo Norte y el Polo Sur se reducen, y en las cimas de los montes hay menos nieve. Toda esa agua procedente del hielo termina en el mar y hace que aumente su nivel. El clima cambia: llueve cuando no debe, hay zonas que se vuelven áridas y los ríos se secan. Los resultados pueden ser catastróficos.

Greta lo sabía muy bien, y por eso decidió pasar a la acción. Estaba convencida de que una huelga organizada por los estudiantes podría funcionar y resultar un éxito.

La habían inspirado unos valientes jóvenes estadounidenses que, al otro lado del océano, habían decidido no ir a clase para protestar. Unos meses antes de que Greta saliera con su cartel a manifestarse delante del Parlamento sueco, un grupo de estudiantes habían hecho huelga para que todos supieran lo enojados y preocupados que estaban por las leyes que permiten comprar armas con tanta facilidad en su país. Puesto que allí circulan sin problemas pistolas y fusiles de todo tipo, pueden acabar en las manos de personas malintencionadas, y haber consecuencias trágicas.

Eso era justo lo que había ocurrido en la escuela secundaria Marjory Stoneman Douglas, de Florida, donde un hombre se metió y se puso a disparar contra la gente. Los estudiantes americanos no se sentían seguros en las aulas donde entraban todos los días a estudiar, y quisieron que los políticos que gobiernan el país lo supieran.

Greta se enteró de esta historia, que le llamó mucho la atención. Negarte a ir a clase, salir a las calles y hacer saber a todo el mundo tu opinión le pareció una idea muy inteligente.

Para los niños, no siempre es fácil conseguir que los adultos que los rodean los escuchen, y ya no digamos los políticos. Si la noticia de las manifestaciones contra las armas había llegado hasta Suecia, entonces aquellos jóvenes estadounidenses habían encontrado el mejor modo de protestar.

4

Los señores Thunberg comprendían las razones de su hija, pero no estaban de acuerdo con que se saltara las clases. Le dijeron claramente que su obligación como padres era procurar que fuera a la escuela. Le preguntaron si de verdad no había ningún otro modo de hacerse oír, y ella les contestó que no. A los quince años ni siquiera se puede votar, así que no tenía otra manera de manifestar sus razones.

Para Malena y Svante estudiar seguía siendo la prioridad, pero todavía se acordaban de cuando

Greta estaba tan triste que no podía salir de casa, y tenían que reconocer que se sentía mejor desde que se propuso manifestarse delante del Parlamento para defender sus ideas. Parecía haber recuperado un poco la alegría de vivir que había perdido con la depresión.

Muchos de sus profesores también veían con malos ojos que faltara a clase, y se lo hicieron saber. Pero Greta no les hizo caso: estaba convencida de estar haciendo lo que debía. Sabía que podía tener problemas por hacer huelga, pero estaba dispuesta a afrontar las consecuencias de su decisión.

«Lo hago porque nadie más se preocupa», explicó.

Los hechos le dieron la razón. O, al menos,

demostraron que había mucha gente que pensaba como ella.

El 7 de septiembre, el día de las elecciones y de la gran manifestación por el clima, una multitud se sentó con ella delante del Parlamento.

La determinación de Greta sacudió la indiferencia general y las cosas empezaron a cambiar. La atención, no solo en Suecia sino también en el extranjero, estaba puesta en la salud del planeta y en aquella chica de las trenzas con el cartel.

Satisfecha con el resultado obtenido, Greta estaba dispuesta a afrontar nuevos retos y situaciones que, hasta entonces, la habrían puesto en apuros. El día siguiente a las elecciones, accedió a hablar en una gran manifestación llamada *Rise for the Climate* («*Rise for the Climate*»), que se celebró simultáneamente en varias ciudades del mundo. Miles de personas se manifestaron ese día para pedir a los más poderosos medidas serias para parar el desastre climático. En Estocolmo, un desfile cruzó la ciudad hasta llegar a la plaza Mynttorget, donde varios activistas comprometidos con la lucha contra el cambio climático subieron a un palco para hablar a los manifestantes. Los organizadores habían pedido a Greta que pronunciara un discurso. Era precisamente el tipo de situación capaz de darle problemas.

Los señores Thunberg estaban preocupados. Algunas personas, como las que tienen el síndrome de Asperger, pueden asustarse más que el resto de la gente ante ciertas situaciones; les asalta una ansiedad incontrolable que los bloquea y les impide hablar. Les sucede sobre todo cuando tienen que dirigirse a un desconocido o —¡peor aún!— a todo un grupo de desconocidos. No se trata de simple timidez, que es algo que le puede pasar a todo el mundo. Para las personas con Asperger, hablar se hace del todo imposible y nadie podrá convencerlos de que abran la boca, por muy amablemente que insista. Los médicos han dado a esta característica un nombre rimbombante: *mutismo selectivo*.

Malena y Svante intentaron prevenir a su hija. ¿De verdad se atrevía a hacerlo? ¿Estaba preparada para afrontar una situación de ese tipo? Pero Greta, como la mayoría de adolescentes (o incluso más), podía ser inflexible con sus decisiones. Sobre aquella cuestión que tanto le importaba no estaba dispuesta a hacer concesiones. Hablaría a los manifestantes.

Bajo un cielo gris, Greta agarró el micrófono y se dirigió a decenas de personas, sosteniendo en la mano la hoja en la que había tomado apuntes. Al llegar a la última línea, el público aplaudió, conmovido por las palabras de la adolescente de las trenzas.

El mismo día de la marcha «*Rise for the Climate*», Greta anunció su decisión: proseguiría la huelga escolar, sentándose cada viernes delante del Parlamento. Estaba empeñada en seguir adelante hasta que Suecia alcanzara todos los objetivos declarados por sus políticos en la Conferencia de París. Al fin y al cabo, lo habían prometido y debían cumplirlo.

Era necesario reducir el calentamiento global para mantenerlo por debajo de los 2 °C y seguir limitándolo a 1,5 °C. Puesto que el Acuerdo de

París lo habían firmado todos los políticos, ¿por qué no comprometerse a ponerlo en práctica de inmediato?

En su perfil de Instagram, Greta invitó a todos a participar en la huelga y a reunirse con ella los viernes delante del Parlamento. Dejó muy claras sus razones.

Hay mucho menos tiempo del que pensamos.
Fallar llevará al desastre.

Decidida la estrategia, al lunes siguiente Greta volvió a la escuela, para gran alivio de sus padres y profesores. La batalla, sin embargo, continuaba.

La multitud reunida el día de las elecciones para participar en la *skolstrejk för klimatet* y el interés mostrado por la gente durante la marcha del día siguiente animaron a Greta. Ahora tenía la certeza de que allí fuera, en Estocolmo y más lejos, había muchas personas dispuestas a apoyar su batalla. ¡Solo había que concienciarlas, convencerlas para que se pusieran manos a la obra!

Registró su mensaje en un breve video que subió a Instagram, explicando las razones de su huelga, en inglés. Quería estar segura de que todos pudieran entenderla, incluso fuera de Suecia.

Sus compatriotas demostraron interés enseguida: el último viernes de septiembre se organizaron manifestaciones en Malmö, en Gotemburgo y en muchas ciudades suecas más. Todos pedían medidas inmediatas y firmes para detener el calentamiento global.

En ayuda de Greta acudieron también los periodistas, cada vez más interesados en la historia de la quinceañera que no iba a la escuela como forma de protesta. Muchos quisieron entrevistarla: venían de todo el mundo y tenían muchísimas preguntas: ¿cómo se le ocurrió la idea de la huelga?, ¿qué les parecía a sus padres y profesores?, ¿qué empuja a una adolescente a interesarse tanto por los problemas medioambientales?

Greta respondía a las preguntas, aunque no le gustaba mucho hablar de sí misma. La salud de la Tierra le parecía un tema mucho más interesante e importante. También aceptó la invitación a participar en un programa de televisión y mantuvo reuniones en diversas ciudades de Suecia. Relacionarse con tantas personas desconocidas podía ser agobiante, pero Greta conocía muy a fondo el tema y sabía explicar con claridad el problema del cambio climático. Se había convertido en una auténtica experta.

Cuando la célebre revista estadounidense *The New Yorker* la entrevistó, y la periodista escribió en su artículo que las emisiones de gases de efecto invernadero habían disminuido, Greta no dudó en intervenir para decir que aquellas afirmaciones eran incorrectas. Para ella no tenía ninguna importancia que la persona que escribió el artículo perteneciese a una prestigiosa revista; era necesario decir siempre la verdad. Para describir un problema complejo como el calentamiento global se pueden utilizar muchas estadísticas distintas. Los políticos suelen escoger las que más les convienen, para destacar los progresos realizados y evitar así que se piense en lo grave que es aún la situación. Pero lo justo era que la gente supiera la verdad. Fingir que un problema no existe es una actitud infantil. Y tuvo que ser una adolescente quien se lo recordara a los políticos de su país.

5

El esfuerzo de Greta empezó a dar sus frutos y a llevarla mucho más lejos de la banqueta del Riksdag sueco. Utilizando el tren, viajó al Parlamento Europeo de Bruselas para participar en una manifestación organizada para llamar la atención sobre los problemas medioambientales. Allí, Greta pronunció un discurso en francés en el que relató su huelga escolar y recordó que en Suecia las personas viven como si pudieran disponer de los recursos de 4,2 planetas, cosa que evidentemente no es posible, ya que solo hay una Tierra.

Después, en una plaza de Helsinki (Finlandia) habló ante una multitud acerca de los millones de barriles de petróleo que se consumen a diario para mantener nuestro estilo de vida. Y luego participó en otra manifestación, esta vez en Londres.

Para que Greta viajara por Europa, era imprescindible que tuviera el permiso de sus padres. Los señores Thunberg decidieron apoyar a su hija y animarla a proseguir su batalla. Se habían unido a su causa. Y también estaban dispuestos a viajar según las reglas de Greta, que excluían los aviones por ser demasiado contaminantes.

Desplazarse sin volar era lento y agotador. Era necesario tomar trenes, no perder transbordos, esperar en las estaciones. La alternativa era hacer largos viajes en el coche eléctrico de la familia, que había que recargar a menudo. El cansancio no asustaba a Greta. Al contrario, cuando se trataba del medio ambiente, pocas cosas podían atemorizarla.

En general, siempre había sido una chica respetuosa con las reglas, pero ahora llegaba a la conclusión de que no se podría resolver el problema sin rebelarse. Las leyes parecían no servir, y el planeta estaba en peligro.

Esta era precisamente la filosofía de los manifestantes que, como Greta, se reunieron a finales de octubre en Londres, enfrente del Parlamento inglés.

«Hay una tremenda emergencia que nadie trata como una crisis, y los gobernantes se comportan de modo inmaduro. Hay que despertar y cambiar las cosas», dijo Greta, dirigiéndose a la multitud.

En su manifiesto, los miembros de Extinction Rebellion —así se hacían llamar muchos de los que se congregaron ese día frente a Parliament Square de Londres— recordaron que la humanidad estaba afrontando una de sus horas más oscuras. La ciencia dice claramente que va encaminada a la catástrofe si no actúa con urgencia.

Mientras viajaba por Europa las semanas posteriores a las elecciones suecas, Greta había descubierto que en el mundo había otras muchas personas comprometidas con luchas similares a la suya. Pero ese no fue su único descubrimiento. Comprendió también que hablar en público de los temas que conocía mejor no la ponía nada nerviosa.

No era una chica acostumbrada a hablar por hablar —los que tienen el síndrome de Asperger tienden a hablar solo cuando lo consideran necesario—, pero los discursos serios, hechos con micrófono en mano, se le daban bien.

Escucharla hablar delante de miles de desconocidos, incluso en otros idiomas, fue algo conmovedor para Malena y Svante. Lo que estaba sucediendo era bastante sorprendente: en pocos meses, habían visto a su hija transformarse de una chica muy triste a una respetada representante de la lucha por el medio ambiente.

La valentía y las ideas de Greta se difundieron rápidamente a lo largo y ancho del mundo. Incluso en la lejanísima Australia, en la otra punta del planeta, muchos jóvenes decidieron no ir a la escuela como forma de protesta. Por asombroso que fuera esto, aún lo era más lo que ocurrió después: el primer ministro australiano —¡el político más importante del país!— pidió oficialmente a los estudiantes que volvieran a sus clases. A través de Instagram, Greta repuso: «Lo siento, primer ministro Scott Morrison, no podemos obedecer».

La popularidad que estaba alcanzando Greta era increíble. En cuestión de semanas, los periódicos más conocidos y reputados estaban hablando de ella y, a los pocos meses de la primera huelga escolar, Greta fue invitada a dar una de las prestigiosas charlas de TED.

TED, que son las siglas de «Technology, Entertainment and Design», es una organización que promueve discursos de gran interés. Expertos en diversos campos salen a un palco y hablan de un tema que conocen a la perfección. Por el estrado de TED han pasado los personajes más célebres de las últimas décadas, y sus charlas han sido escuchadas por millones de personas. Era una invitación de gran prestigio e importancia.

Allí, Greta habló de justicia: ¿no sería correcto que los estados con las economías más desarrolladas redujeran su impacto sobre el medio ambiente para permitir que los demás países pudieran seguir construyendo carreteras, hospitales y todo aquello que ayuda a las personas a vivir mejor?

Recordó que ningún político había pensado realmente en soluciones para el futuro: los más atrevidos prevén acciones de cara al 2050, que parece una fecha muy lejana, pero que no lo es tanto. En el año 2050, los niños de hoy serán adultos y tendrán todavía muchos años por delante. ¿Qué será de ellos después, si no se para el cambio climático?

¿Qué piensan hacer los adultos del presente por el futuro de sus hijos?

En las charlas de TED, el conferencista suele despedirse con un mensaje de esperanza. Pero ese no fue el caso de Greta.

«Más que esperanza, necesitamos acción», dijo.

6

Los líderes políticos mundiales estaban comportándose de una manera totalmente infantil, dejando de lado los problemas ambientales porque les asustaba su complejidad. Fueron precisamente los jóvenes, preocupados por su futuro, los que decidieron protestar para convencerlos de que hicieran algo. Y la huelga escolar que Greta Thunberg había iniciado en agosto de 2018, sola delante del Parlamento, fue el primer paso. En pocos meses, el número de ciudades en las que las personas, a menudo estudiantes, habían decidido protestar había aumentado a 270. Más de 20 000 estudiantes de todos los rincones del planeta se habían negado a ir a clase, siguiendo el ejemplo de la *skolstrejk för klimatet.*

Después de haber movilizado a tantos jóvenes, Greta estaba preparada para afrontar un nuevo objetivo: convencer a los más poderosos del planeta.

Así pues, en diciembre viajó a Katowice, una ciudad de Polonia, para participar en una reunión de nombre extraño: COP24. Como fue en coche eléctrico, tardó dos días en llegar, pero sabía que valía la pena.

La COP24 fue un encuentro de representantes de casi todos los países del mundo, reunidos para hablar del cambio climático. Fue convocado por las Naciones Unidas, una organización fundada para animar a los políticos a llegar a acuerdos sobre los temas más relevantes.

A Katowice acudieron en solemnes coches negros aquellas personas encargadas de detener la catástrofe ambiental. ¿Serían capaces de tomar las decisiones adecuadas y ponerlas en práctica rápidamente?

Muchos lo dudaban.

Por eso Greta hizo el equipaje y se puso en marcha. Debía hablar con el secretario general de las Naciones Unidas, António Guterres, un hombre que hace un trabajo muy importante: en gran medida se ocupa de evitar guerras y afrontar los grandes desastres del planeta.

Greta se encontró en una enorme sala de paredes blancas, donde había una gran mesa rectangular que también era blanca. Reinaba un ambiente oficial y anónimo. Allí se sentaron delegados de distintos países, cada uno con un micrófono y un cartelito donde estaba escrito su nombre.

Con todos estos representantes de la asamblea como público, Greta subió al estrado. Llevaba la misma camisa de cuadros que se había puesto el primer día de su *skolstrejk för klimatet.* No le pareció una prioridad absoluta elegir ropa formal, con todas las cuestiones urgentísimas que había que tratar. Detrás de ella, un enorme cartel con la inconfundible bandera azul de las Naciones Unidas recordaba dónde se encontraba. Una voz seria anunció la intervención de Greta.

Enfrente de los delegados de todas esas naciones, Greta no se dejó intimidar.

«Durante 25 años, innumerables personas han acudido a las conferencias de las Naciones Unidas sobre el clima para rogar a los líderes de nuestros países que pararan las emisiones. Pero esto, evidentemente, no ha funcionado. Así que no hemos venido aquí para pedir a los líderes mundiales que se preocupen por nuestro futuro, nos han ignorado en el pasado y nos volverán a ignorar. Hemos venido aquí para hacerles saber que el cambio está llegando, les guste o no», declaró.

En ese estrado, Greta recordó a los asistentes la importancia de afrontar la realidad, por incómoda que fuera, y les invitó a imaginar lo que se podría llegar a hacer si todos nos implicáramos. No hay objetivos inalcanzables si unos niños pueden ocupar los titulares de los periódicos por una huelga estudiantil.

Aunque los que la escuchaban eran personas muy poderosas, acostumbradas a mandar, Greta encontró el valor para acusar a los políticos de comportarse como niños, asustados por la idea de ser impopulares. Les recordó los daños ya causados al medio ambiente y les explicó que, si nadie más estaba dispuesto a hacerlo, correspondía a las nuevas generaciones asumir la responsabilidad del cambio.

Animó a todos a pensar en el destino de sus hijos, condenados a vivir en un mundo cada vez más devastado. No se puede resolver una crisis sin tratarla como tal.

Jamás había sucedido algo así: que una adolescente recordara a los poderosos de la Tierra sus errores, reprochándoselos e incitándolos a cambiar. A pesar de las duras palabras de Greta, hubo muchos aplausos.

Las reuniones de las Naciones Unidas son largas y agotadoras. Los delegados dedican días enteros a discutir los problemas y a encontrar posibles soluciones, y todo queda escrito en documentos oficiales. Sin embargo, todo ese esfuerzo a menudo trae pocos cambios en la práctica.

Justo eso era lo que estaba sucediendo en Polonia, ante los propios ojos de Greta. Le parecía que no se estaban tomando verdaderas decisiones.

A la segunda semana de reuniones, grabó un mensaje. Desde una sala del edificio en el que se estaba celebrando la COP24, se presentó y explicó que, una vez más, y a pesar de que los científicos certificaban la gravedad de la situación, los políticos no estaban encontrando soluciones.

QUIENQUIERA QUE SEAS,
DONDEQUIERA QUE ESTÉS,
¡TE NECESITAMOS! PARTICIPA
EN LA HUELGA GENERAL DE LOS
VIERNES POR EL CLIMA.
¡POR FAVOR, HAZ HUELGA
CON NOSOTROS!
COMPARTE ESTE VIDEO,
DÍSELO A TODO EL MUNDO.

Entretanto, en las calles de Katowice se había reunido una multitud de manifestantes. Querían hacerse oír y demostrar a los políticos enviados a Polonia para la COP24 que mucha gente estaba verdaderamente preocupada por la situación medioambiental.

La franqueza con la que la jovencísima Thunberg había hablado a los poderosos había sido excepcional. Igual de asombroso era el modo en que había convencido a la gente para actuar. La histórica y prestigiosa revista estadounidense *Time* había incluido a Greta en la lista de los adolescentes más influyentes del mundo en 2018. Un gran honor, totalmente merecido.

Sin embargo, Greta no era el tipo de persona que se contentara con los buenos resultados obtenidos. Al terminar la COP24 de las Naciones Unidas, se puso inmediatamente en marcha para dejar Polonia y volver a casa en coche eléctrico. Había una cita que no se quería perder: la huelga por el clima de Mälmo, una ciudad del norte de Suecia.

Greta no tenía intención de detenerse, no antes de haber alcanzado su objetivo: salvar el planeta.

7

En el mundo hay muchas personas que han hecho de la protección medioambiental un trabajo al que se dedican en cuerpo y alma. Pero Greta no podía hacer eso, porque, a sus quince años, tenía obligaciones y tareas que cumplir.

Sin embargo, Greta viajaba por toda Europa y organizaba huelgas por el medio ambiente. Tenía discursos que escribir e intervenciones que preparar. Para hablar delante de miles de personas, y más en una lengua extranjera, es necesario estudiar mucho, saberse de memoria todos los datos.

No era solo que la causa por la que luchaba requería mucha implicación, sino que ella misma se había convertido en una celebridad. Periodistas de todas las nacionalidades le pedían entrevistas, y reporteros famosos querían saberlo todo sobre ella y sus ideas. Aunque no le gustara mucho hablar de sí misma, Greta aceptaba, porque eso significaba llevar los problemas del medio ambiente a los periódicos, dar visibilidad a su causa.

A todo esto se unían algunas obligaciones que los activistas profesionales no tenían, las propias de cualquier chica de quince años. Tenía deberes que hacer y lecciones que estudiar para no quedarse atrás respecto a sus compañeros de clase. Greta seguía yendo a la escuela y solo se saltaba las clases los viernes, el día de la *skolstrejk för klimatet*. En esta jornada de lucha, lloviera o nevara, se dirigía incansablemente al centro de la ciudad para protestar, incluso en los días más fríos y oscuros del invierno sueco.

Eran muchísimas las tareas que la tenían ocupada desde la mañana hasta la noche. No le quedaba mucho tiempo para estar con su hermana Beata, sus padres o sus dos perros. Ni siquiera tenía apenas tiempo para descansar desde que se levantaba a las seis de la mañana, lista para afrontar un nuevo día. Cuando se sentía agotada, se recordaba a sí misma las razones que la habían llevado a convertirse en la famosa chica de las trenzas, sacaba fuerzas y seguía adelante.

Satisfechos con las buenas calificaciones de Greta y con su decisión de volver a la escuela, los Thunberg siguieron apoyando a su hija de forma incondicional.

Y Greta necesitaba realmente el apoyo de sus padres: una chica de quince años no puede ir viajando sola por el mundo. Su padre, Svante, era quien iba con ella por toda Europa, la acompañaba en los largos trayectos en tren o la llevaba en el coche eléctrico de la familia. Con su gran sonrisa y su largo pelo castaño recogido en una trenza, Svante era el aliado perfecto. Sabía hablar a las personas y se encontraba a gusto al lado de Greta, incluso en los estrados de las principales conferencias del mundo. Estaba dispuesto a ayudar a su hija en el ambicioso objetivo que se había fijado: salvar el planeta. Algunas veces, los periodistas lo entrevistaban también a él, y no había pregunta para la que no tuviera respuesta.

La ayuda de Svante era valiosísima, porque los compromisos de Greta eran cada vez más numerosos e importantes. La invitaron a Panamá, Nueva York, San Francisco, Canadá. No podía aceptar esas invitaciones, porque suponían viajar en avión. Pero sí podía comprometerse a desplazarse a lugares más próximos. Algunas citas eran muy muy importantes. A finales de enero, le pidieron que interviniera en el Foro Económico Mundial de Davos.

Davos es un apacible rincón de Suiza. Casas y grandes edificios de madera se extienden por un valle rodeado de montañas, entre bosques exuberantes y pistas de esquí. A finales de enero, desde la década de 1970, se reúnen allí los más destacados líderes mundiales de la política y la economía, además de intelectuales, periodistas y científicos, para hablar de las cuestiones más urgentes que debe afrontar el mundo.

El Foro Económico Mundial es un acontecimiento único. Los más poderosos del mundo se reúnen en esa pequeña ciudad de montaña, que el resto del año es un tranquilo centro de esquí alpino, para participar en reuniones y conferencias, conocerse y encontrar soluciones juntos. Solo sus participantes saben lo que se dice en Davos, porque las reuniones se celebran «a puerta cerrada», sin periodistas. Esta confidencialidad, unida a la importancia de sus participantes, hace del Foro de Davos una cita muy exclusiva.

Para participar en él es necesario haber sido invitado. Y solo están en la lista las personas que de verdad cuentan. Entre ellas, también estaba Greta.

Equipada con una bufanda, un gorro, un abrigo grueso, una maleta roja y su inseparable cartel de la *skolstrejk för klimatet*, una fría mañana de finales de enero Greta emprendió el viaje. Antes del amanecer ya estaba en la estación para dirigirse al sur. Atravesó Escania, una provincia del sur de Suecia, y luego Dinamarca. Por último, ya en Alemania, tomó un tren nocturno con destino a Zúrich. Al cabo de más de treinta horas de tren para llegar a Davos, Greta fue recibida en la estación por un grupo de periodistas con cámaras de televisión y micrófonos. En el andén, con su cartel en la mano, contestó a las preguntas, explicando su deseo de mirar atrás un día y saber que había tomado la decisión correcta.

No se alojó en uno de los numerosos hoteles, sino en el Arctic Basecamp, una gran tienda de campaña similar a las que usan los exploradores del Ártico, montada justo al lado del legendario hotel Schatzalp. Ese insólito alojamiento es una idea de una ONG consagrada a recordar las temperaturas cada vez más altas en los glaciares del Polo Norte y el Polo Sur.

A pesar de las gélidas temperaturas del invierno suizo, que de noche llegan a descender muchos grados bajo cero, Greta durmió en su saco de dormir amarillo. Al día siguiente, intervino en una reunión para recordar que todos somos responsables del cambio climático. Atentos a sus palabras estaban los famosos cantantes Will.i.am y Bono, además de numerosos diplomáticos y científicos. Estaba también Jane Goodall, la valiente científica que pasó años conviviendo con los chimpancés y que demostró lo parecidos que son a los seres humanos. Greta quiso tomarse una foto de recuerdo con ella.

Changing Together
Changing Together
BARB
ORGIA

Greta no se amedrentó por las caras conocidas, por la fama de las personas que tenía delante, por los nombres rimbombantes ni por los altos cargos. Repitió su mensaje como siempre. Hablar ante un pequeño grupo de estudiantes o hacerlo ante los más poderosos de la Tierra, para ella era lo mismo.

Vestida como cualquier otra chica de su edad, rodeada de hombres con traje negro y mirada seria, subió al estrado y se dirigió a ellos.

«Los adultos siguen diciendo que hay que dar esperanza a los jóvenes. Pero no quiero su esperanza, quiero que sientan pánico, y luego quiero que entren en acción. Quiero que entren en acción como lo harían en plena crisis, como si nuestra casa estuviera incendiándose. Porque lo está».

Este fue su mensaje: *Our house is on fire*. Nuestra casa, el planeta Tierra, está en llamas. Y los adultos, los poderosos, deben actuar con responsabilidad y hacer algo por el futuro de los jóvenes.

Después, Greta participó en la huelga por el clima que se organizó en las calles de Davos, junto a otros jóvenes de su edad tan preocupados como ella por la situación.

Al día siguiente emprendió el camino de regreso, dispuesta a afrontar el largo viaje hacia Suecia, un tren tras otro, de vuelta al norte.

Las duras palabras dirigidas por una adolescente a los más poderosos del planeta llamaron la atención de muchas personas. Greta había despertado el interés de todo el mundo en una situación que parecía desesperada: la crisis climática. Recordó la necesidad de actuar al presidente francés, a los representantes más importantes de la Unión Europea, a los políticos reunidos en Davos.

A los periodistas que le preguntaban si se sentía optimista al ver que el mundo se interesaba por el tema, respondía que no. Lo único que contaba de verdad eran las emisiones de gases de efecto invernadero a la atmósfera, que seguían sin disminuir. De nada servía que personas famosas escucharan sus palabras y le aplaudieran si eso no iba acompañado de decisiones y hechos.

8

En solo siete meses desde el día en que Greta decidió saltarse las clases para hacer huelga, muchísimas cosas habían cambiado. Una de ellas era especialmente importante: el mundo empezaba a darse cuenta de la gravedad de la situación.

Las huelgas y las manifestaciones eran cada vez más frecuentes, delante de los parlamentos y por las calles de todos los países del mundo. Los que protestaban eran sobre todo chicos y chicas decididos a obligar a «los adultos» a asumir su responsabilidad. Ahora ya había un nombre que unía a los miles de jóvenes que se movilizaban todos los viernes: *Fridays for Future*, que significa «viernes por el futuro». El objetivo era el mismo para todos los manifestantes: recordar a los políticos la importancia de entrar en acción. Inmediatamente.

Había un político en concreto que era clave para marcar la diferencia. Estaba al frente de la Comisión Europea, en Bruselas. Allí se dirigió Greta en febrero.

Bruselas era el próximo objetivo de Greta debido a una serie de acontecimientos iniciados mucho tiempo atrás, cuando nadie hablaba aún del calentamiento global. Corría el año 1957, y en las mentes de los ciudadanos de Europa seguían muy vivos los recuerdos de la Segunda Guerra Mundial y de todo el sufrimiento y las atrocidades que se padecieron entonces. Los políticos de seis estados (Francia, Alemania Occidental, Italia, Bélgica, Países Bajos y Luxemburgo) decidieron crear una comunidad económica, lo que significaba que desde aquel momento se comprometían a colaborar para que las economías de estos países pudieran crecer juntas, en lugar de hacerlo unas contra otras. La Europa que conocemos hoy, en la que podemos viajar libremente y atravesar fronteras sin impedimentos, es la evolución de ese primer acuerdo. Los demás europeos no tardaron en darse cuenta de que, uniendo fuerzas, todo salía mejor, y otros países decidieron seguir el ejemplo de los seis primeros. Hoy en día, muchas decisiones importantes ya no vienen de los parlamentos de cada país, sino que las toman los representantes que ocupan las instituciones de la Unión Europea.

A poca distancia del centro de Bruselas, la capital de Bélgica, hay un barrio entero consagrado a las instituciones europeas. Sus sedes son grandes edificios con ventanales, líneas modernas y rígidas, y muchas banderas que ondean. Allí fue donde se dirigió Greta.

Con palabras duras y severas, dijo que no se puede esperar a que los problemas se resuelvan solos. Si los hombres y las mujeres con poder hubiesen hecho sus deberes, sabrían lo grave que es la situación y lo urgente que es intervenir.

En la gran sala donde estaban reunidos, los políticos europeos la escuchaban en silencio mientras los periodistas de todo el mundo dirigían sus cámaras de televisión hacia Greta.

«Hemos empezado a poner orden en el caos que han creado, y no pararemos hasta el final», declaró con voz decidida. «Y hay que hacerlo ahora, porque no hay tiempo para esperar a que las nuevas generaciones crezcan y se dediquen a la política».

Durante las semanas anteriores, algunos políticos destacados, como la primera ministra del

Reino Unido, Theresa May, habían criticado a los estudiantes que se manifestaban en lugar de ir a clase. Greta aprovechó el discurso en Bruselas para responderles también a ellos.

«A los que dicen que estamos desperdiciando un tiempo precioso que deberíamos pasar en la escuela, les recuerdo que nuestros líderes políticos han desperdiciado décadas negando el problema y cruzándose de brazos».

Sugirió entonces a las mismas personas preocupadas por los días de clase perdidos que hicieran huelga en el trabajo para ocupar su lugar en las calles. O, mejor aún, que protestaran con ellos para obtener resultados antes y así poder volver todos a la escuela o al trabajo.

El 15 de marzo de 2019 ya no solo era Greta la que hacía oír su voz. Miles y miles de personas a lo largo y ancho del mundo protestaron durante la gran huelga mundial por el futuro. Si en agosto Greta estaba sola delante del Riksdag, ahora habían participado 123 países. Más de un millón y medio de jóvenes salieron a la calle en más de 2 000 ciudades.

En aquel día de agosto no tan lejano, nadie habría podido imaginar que pocos meses después acudirían a Estocolmo millares de personas, convocadas por la valiente chica de las trenzas.

Algunos llegaron desde muy lejos, incluso desde los Estados Unidos, para manifestarse.

Muchos quisieron tomarse una foto con ella. Deseaban estrecharle la mano, darle las gracias.

Cuando subió al estrado, todos la aclamaron.

Hubo quien se acordó de Rosa Parks, la mujer afroamericana que en 1955 se negó a levantarse para ceder su asiento a un hombre blanco en un autobús de Montgomery, en Alabama. Con aquel simple gesto, desencadenó una serie de protestas y manifestaciones que llevaron a una histórica decisión del Tribunal Supremo: los jueces estadounidenses más importantes decidieron que no debía permitirse separar a las personas en el transporte por el color de su piel.

Cuando se negó a ceder su sitio, Rosa Parks no estaba diciendo nada nuevo, nada que no supieran ya los afroamericanos de Alabama. Pero consiguió inspirarlos, convencerlos para ponerse en acción hasta que las cosas cambiasen.

Rosa Parks era precisamente una de las mujeres que siempre habían inspirado y fascinado a Greta. Puede que en parte porque ambas tenían un carácter introvertido.

Fueron muchísimos los jóvenes y niños que salieron a las calles el 15 de marzo de 2019. Preocupados por los problemas que habían causado las generaciones anteriores, ellos eran la verdadera alma de las manifestaciones. Los periodistas los entrevistaban y les hacían preguntas complejas sobre cuáles podían ser las soluciones. Algunos hablaban de la «revuelta de los jóvenes».

En el palco, una chica dijo que los estudiantes salían a la calle pidiendo soluciones, pero que ellos no tenían la «receta mágica» para parar el calentamiento global. Había que escuchar a los científicos, estudiar, documentarse. No había respuestas fáciles para evitar que las temperaturas siguieran ascendiendo.

Greta y todos los que protestan con ella no pararán hasta que «los adultos», los políticos y los poderosos, tomen medidas. La responsabilidad de descubrir y decidir qué medidas hay que tomar es de todos ellos.

9

Greta no tiene soluciones simples para resolver el problema, su objetivo es llamar la atención de los políticos sobre el cambio climático. Lo dice a menudo: no corresponde a los jóvenes decidir lo que hay que hacer.

No actuar es muy peligroso: el cambio climático hace más difícil y peligrosa la vida en la Tierra. Los desastres ambientales pueden provocar guerras y conflictos. Por eso el compromiso de los estudiantes del *Fridays for Future* es también un compromiso por la paz.

Gracias a los increíbles resultados obtenidos, Greta ha sido candidata al Nobel de la Paz. No sería la primera persona jovencísima en ganarlo. En 2014 lo obtuvo Malala Yousafzai, de diecisiete años, por el valor con el que había luchado por los derechos de los niños y los jóvenes de su país, Pakistán, donde los talibanes habían decidido prohibir a las niñas ir a la escuela.

«Es una gran fuente de inspiración ver cómo los adolescentes, guiados por mujeres jóvenes, hacen oír su voz», declaró Anne Hidalgo, la alcaldesa de París.

A los que la critican, Greta les aconseja que se informen, que escuchen a los científicos y a los expertos que se ocupan del cambio climático, que no pierdan tiempo hablando de ella ni de los días de clase perdidos. No es eso de lo que se trata.

La fama que ha alcanzado Greta le ha permitido también dar a conocer mejor el síndrome de Asperger. Quien lo tiene, como es su caso, es menos propenso a hacer nuevos amigos, conocer gente, hablar por hablar, pero posee grandes cualidades. Y Greta lo ha demostrado. Ahora depende de todos nosotros estar a su altura.

EL CALENTAMIENTO GLOBAL

La vida del hombre moderno es muy distinta de la de nuestros antepasados. Hace tan solo unas pocas generaciones, los abuelos de nuestros abuelos vivían en un mundo que nos costaría mucho reconocer: los automóviles, las calefacciones calientan nuestra casa cuando llega el invierno, los electrodomésticos que nos simplifican la vida, los aviones que nos permiten viajar rápidamente hasta países lejanos son «novedades» de tiempos recientes. Ha sido sobre todo en los últimos doscientos años cuando se produjeron cambios rapidísimos en el modo de vivir. Una tecnología cada vez más avanzada ha revolucionado por completo la existencia humana.

Sin embargo, muchas de las costumbres de la vida moderna son posibles porque consumimos combustibles fósiles: por ejemplo, la gasolina con la que funcionan los motores de los coches que utilizamos a diario; o el carbón que se quema en las centrales para generar la electricidad, que hace funcionar las lavadoras y los demás electrodomésticos; o el gas natural que se extrae de bajo tierra y que se utiliza para calentar las casas. Para vivir como lo hacemos hoy, se quema muchísimo combustible, aunque no nos demos cuenta porque eso se produce en los motores de los coches, debajo del cofre, o en centrales eléctricas situadas lejos de las poblaciones donde vivimos.

Por desgracia, quemar combustibles tiene un efecto indeseado: emite a la atmósfera lo que los expertos llaman *gases de efecto invernadero*. El más «famoso» de estos gases es el dióxido de carbono o CO_2. Estos gases van a parar al aire, suben al cielo y allí se quedan retenidos y se acumulan. Dejan entrar los rayos del sol, pero luego retienen su calor.

La atmósfera terrestre crea de forma natural lo que los científicos han llamado *efecto invernadero*. Gracias a este fenómeno, parte del calor del sol queda retenido en la superficie del planeta, y eso permite que haya vida en la Tierra. El problema es cuando se acumulan los gases contaminantes y se altera el efecto invernadero.

Lentamente, año tras año, las temperaturas ascienden. Cada vez hace más calor, aunque a veces cuesta darse cuenta en la vida diaria, porque es un aumento lento y gradual. Los investigadores registran las temperaturas a lo largo y ancho del mundo con gran exactitud para monitorear la situación. Son precisamente ellos los que han lanzado la voz de alarma: las consecuencias de estos cambios pueden ser muy graves.

Los efectos del calor empiezan a notarse: los glaciares se derriten, el nivel de los mares sube, el clima se hace cada vez más impredecible. En algunas zonas deja de llover mientras que, en otras, las tormentas y los huracanes se desencadenan con mayor frecuencia. Se trata de un fenómeno muy complicado. Los científicos recopilan datos, registran las temperaturas en todos los rincones del planeta, observan de cerca los glaciares y miden su extensión, pero es realmente difícil prever con total seguridad lo que va a suceder. Lo que está claro es que son muchos los que insisten en la importancia de reducir los gases de efecto invernadero y de limitar al máximo el calentamiento del planeta.

¿QUÉ PODEMOS HACER NOSOTROS?

El calentamiento global es un fenómeno muy complejo y difícil de comprender completamente incluso para los expertos. En lo que están de acuerdo la mayor parte de los científicos es en que limitar las emisiones de dióxido de carbono y otros gases de efecto invernadero a la atmósfera es la solución adecuada para frenar el calentamiento del planeta. Para ello, es necesario que se tomen decisiones y se hagan cambios radicales, y por eso Greta Thunberg se manifestaba delante del Parlamento de su país. Pero todos nosotros podemos limitar a diario las costumbres que mayor impacto tienen en la salud de la Tierra.

1 Limita al máximo el uso del coche. La opción más ecológica es ir a pie o utilizar el transporte público. Un autobús con cincuenta pasajeros contamina menos que un coche en el que solo van dos personas.

2 Si no hay más remedio que tomar el coche, es mejor organizarse para viajar en grupo, ¡sobre todo si tienes amigos que tienen que ir al mismo lugar que tú!

3 No te olvides de apagar siempre la luz al salir de una habitación. La electricidad que permite que los focos de tu casa se enciendan seguramente procede de quemar combustibles fósiles.

4 Calentar agua contamina: utiliza agua caliente solo cuando sea realmente necesario. Además, procura siempre no malgastarla.

5 Bañarse con regadera es mejor que hacerlo en tina: es un modo simple de ahorrar la electricidad necesaria para calentar agua.

6 La producción de envases, cajas, paquetes, etc., requiere energía que contamina. Siempre que tengas que comprar algo, presta atención: ¡Cuanto menos empaque, mejor!

7 Elige verduras y frutas de temporada. Es probable que las fresas que se venden fuera de temporada se hayan cultivado en países lejanos, más cálidos, y hayan consumido mucho combustible para llegar a ti.

8 Antes de comprar algo nuevo, pregúntate si lo necesitas de verdad.

9 En invierno, no te excedas con la calefacción: puedes bajarla algunos grados y ponerte una sudadera o un suéter más para estar en casa.

10 En verano, limita al máximo el aire acondicionado: enfriar la temperatura consume electricidad.

11 Recuerda que la electricidad que consumes se ha producido quemando combustible y emitiendo dióxido de carbono a la atmósfera: ¡no despilfarres!

Glosario

Activistas por el medio ambiente: personas que se implican en la causa medioambiental, organizando manifestaciones, protestando o difundiendo información para concienciar a las personas.

Ambientalismo: movimiento de personas comprometidas con la defensa del medio ambiente en el que vivimos.

Atmósfera: todo lo que hay alrededor de nuestro planeta, encima de nosotros, es una capa de gas. Rodea completamente la Tierra y tiene unos 1 000 kilómetros de grosor. En la parte de la atmósfera más cercana al suelo se encuentra el aire que respiramos. También es donde llueve, nieva, se forman las nubes y se producen todos los fenómenos atmosféricos que conocemos. Si la atmósfera fuera distinta, o si no existiera, no sería posible la vida en el planeta.

Calentamiento global:

subida progresiva de las temperaturas medidas en nuestro planeta en los últimos cien años. Utilizamos la palabra «global» porque es un fenómeno registrado en todo el planeta, aunque con una gravedad que varía de una región a otra. Los científicos calculan que, en el último siglo, la temperatura media ha aumentado cerca de 0.75 °C.

CO_2: nombre que los químicos han dado al dióxido de carbono, un gas presente en nuestra atmósfera.

Combustibles (o carburantes):

sustancias que se queman para producir energía.

Combustibles (o carburantes) fósiles: tipo particular de combustible formado a lo largo de millones de años. Las sustancias orgánicas procedentes de los animales y vegetales que vivían en la Tierra en tiempos prehistóricos se acumularon y quedaron enterradas bajo tierra. En un proceso que duró muchísimos años, estas sustancias se descompusieron y se transformaron en petróleo, gas natural y carbón.

COP24: conferencia sobre el clima celebrada en el marco de la Organización de las Naciones Unidas. Los representantes de casi todos los países del mundo hablaron durante dos semanas sobre cómo poner en práctica las decisiones tomadas unos años antes en París para limitar las emisiones de dióxido de carbono.

Deforestación: desaparición de extensas zonas de bosque por obra del hombre. El efecto de la tala de árboles es grave, porque las plantas contribuyen a mantener a raya los niveles de dióxido de carbono liberado al medio ambiente. Por eso, son grandes aliadas para frenar el calentamiento global.

Efecto invernadero: fenómeno por el cual nuestra atmósfera retiene parte del calor que llega del sol y crea el clima que conocemos. El hombre empezó a comprender lo que ocurría en las alturas a principios del siglo XIX, cuando algunos científicos ya intuían que había algo en el cielo capaz de filtrar los rayos del sol.

Electricidad: es lo que hace funcionar casi todo en nuestras casas. Gracias a la electricidad, podemos encender las luces y poner en marcha los electrodomésticos, y las fábricas pueden producir a diario las decenas de objetos que nos rodean. El problema es que en muchos casos esa electricidad se produce quemando combustible y emitiendo al medio ambiente gases de efecto invernadero.

***Fridays for Future*:** iniciativa de estudiantes de todo el mundo que deciden no ir a clase los viernes para manifestarse. Piden que se proteja el planeta Tierra y se garantice un futuro digno para ellos.

Gases de efecto invernadero: gases presentes en la atmósfera terrestre que dejan pasar los rayos del sol y que luego retienen parte del calor.

Glaciares: acumulaciones de hielo que se mantienen sin derretirse incluso en primavera y verano. La mayor parte de los glaciares del planeta están en Groenlandia y en la región antártica.

Huelga por el clima: iniciativa de Greta Thunberg para protestar contra la indiferencia general de todos los que parecían no preocuparse en absoluto por el cambio climático. Empezó ella sola un día de agosto de 2018, en que se sentó delante del Parlamento sueco en lugar de ir a clase, y enseguida comenzaron a seguirla muchísimas personas. Todavía hoy, Greta hace huelga escolar los viernes para instar a los políticos a poner en práctica medidas serias que permitan afrontar el problema con garantías.

Huella de carbono: es una forma de referirnos a la cantidad de emisiones de gases de efecto invernadero que producen las personas, los países, los aviones, las fábricas, etc.

Marchas por el clima: grandes manifestaciones en las que participaron millones de personas para exigir que se interviniera en la defensa del medio ambiente.

Naciones Unidas: organización a la que pertenecen 193 estados del mundo (¡casi todos!), que se comprometen a reunirse para hablar de formas de mantener la paz y resolver posibles disputas sin recurrir a la violencia, crear y mantener relaciones amistosas entre los países y promover los derechos humanos y las libertades fundamentales de todos nosotros.

Nobel: prestigioso premio que se entrega una vez al año a un grupo de personas notables. Este año, Greta ha sido elegida candidata al Nobel de la Paz, puesto que el calentamiento global, si no se detiene, podría tener consecuencias trágicas para toda la humanidad.

Parlamento: lugar donde se reúnen los parlamentarios, es decir, las personas votadas en las elecciones, para escribir las leyes del país. Las decisiones más importantes sobre cualquier tema, las que corresponden al bien de todos, se toman en el Parlamento.

Riksdag: el Parlamento sueco. Se encuentra en Estocolmo, y fue allí donde Greta decidió manifestarse para pedir medidas contra el calentamiento global.

Subida del nivel del mar: fenómeno provocado por el derretimiento de los glaciares y que puede tener consecuencias muy graves. Los científicos consideran que, algún día, amplias zonas hoy habitadas podrían quedar sumergidas.

TED (Technology, Entertainment and Design): políticos, científicos y personas brillantes que destacan en diversas disciplinas suben cada año al escenario de TED para dar un discurso sobre la materia que mejor conocen. Las charlas de TED siguen una filosofía que se resume en un eslogan: «Ideas que merecen ser difundidas».

Cronología

Historia de la contaminación humana y del problema del calentamiento global en unos pocos datos históricos…

1765 El ingeniero escocés James Watt perfeccionó la máquina de vapor creada por Thomas Newcomen en 1705, al encontrar la forma de transformar en movimiento el vapor del agua. Fue uno de los principales inventos que hizo posible la Revolución Industrial, una de las transformaciones más radicales del modo de vida de los hombres: las máquinas empezaron a trabajar en nuestro lugar, de forma más rápida y eficaz. De repente, se hizo posible producir muchísimas cosas con poco esfuerzo y en un tiempo reducido. El problema era que las máquinas funcionaban quemando carbón. Por eso, con la Revolución Industrial aparecieron también los problemas de contaminación ambiental.

1824 El físico Joseph Fourier intuyó que encima de nosotros hay una capa de gases capaces de retener el calor del sol.

1883 Se fundaron en varios países europeos las primeras fábricas de automóviles. Eran vehículos grandes, poco fiables y lentos: apenas superaban los 50 kilómetros por hora.

En esa época era difícil imaginar la enorme cantidad de automóviles que circularían solo un siglo después por las calles y carreteras de todos los países emitiendo dióxido de carbono a la atmósfera.

1952 En diciembre, Londres experimentó los catastróficos resultados de la contaminación descontrolada. El esmog (un aire denso, gris y maloliente) contaminaba la ciudad. La situación era tan grave que no se veía nada a pocos metros de distancia. Se hizo imposible desplazarse en coche, el transporte público se detuvo, las escuelas se cerraron. Las consecuencias sobre la salud fueron gravísimas, y por primera vez los británicos reflexionaron seriamente sobre los efectos de la contaminación atmosférica.

1972 Nació en Tasmania (Australia) el primer partido político cuya prioridad era la protección del medio ambiente. La idea de un partido político «verde» iba creciendo: en el Reino Unido se fundó ese mismo año el People Party.

1979 Los científicos se dieron cuenta de que el clima estaba cambiando y los políticos organizaron la primera conferencia mundial para debatir el tema.

1997 Los países industrializados se reunieron en Kioto (Japón) para tratar los problemas ambientales. Como resultado, se firmó un acuerdo por el que los participantes se comprometían a reducir la emisión de sustancias contaminantes a la atmósfera.

Se celebraron muchas cumbres más antes y después de la de Kioto, pero cuanto más tiempo pasa, más aumenta la urgencia de poner en práctica medidas concretas.

2004 Los políticos brasileños decidieron intervenir para frenar la deforestación de la Amazonia, una gran región boscosa que se extiende al norte del país. Se promulgó una ley que obliga a los agricultores y ganaderos de la zona a considerar una buena parte de su propiedad como una reserva natural que debe protegerse. Los árboles son valiosísimos aliados para frenar el cambio climático y el aumento de las temperaturas.

2015 Tras muchos años de debate sobre los problemas climáticos, representantes de países de todo el mundo se reunieron en París para decidir cómo afrontar la emergencia climática. Allí se comprometieron a limitar el aumento de las temperaturas por debajo de los 2 °C. Para tal fin, reconocieron que será imprescindible reducir las emisiones de dióxido de carbono.

24 de marzo de 2018

Miles de estudiantes de los Estados Unidos no fueron a la escuela y llenaron las calles durante *March for our Lives*, es decir, la «marcha por nuestras vidas». Fue una manifestación celebrada para protestar contra la proliferación de las armas en su país. Esta gran marcha organizada por los jóvenes inspiraría a Greta Thunberg, dándole la idea de su *skolstrejk för klimatet*.

Verano de 2018 Se registró un récord de temperaturas en Escandinavia. Suecia quedó devastada por los incendios.

20 de agosto de 2018

Greta Thunberg decidió no ir a clase para protestar delante del Parlamento sueco.

7 de septiembre de 2018

Día de las elecciones suecas. Greta organizó una gran huelga por el clima. En pocas semanas, consiguió implicar a decenas de sus conciudadanos en la protesta.

31 de octubre de 2018

Un grupo de manifestantes bloqueó Parliament Square, en Londres, para pedir medidas inmediatas por el clima. Greta se unió a los miembros de Extinction Rebellion —como se hacían llamar— para protestar con ellos.

Diciembre de 2018 Greta se desplazó a Katowice (Polonia) para hablar en la COP24, la conferencia sobre el clima convocada por la Organización de las Naciones Unidas, y reunirse con el secretario general de la ONU, António Guterres.

Enero de 2019 Greta intervino en el Foro Económico Mundial de Davos, en Suiza.

15 de marzo de 2019 Gran huelga por el clima. Todos los periódicos hablaban del movimiento de estudiantes comprometidos por su futuro.

Marzo de 2019 Greta fue nominada al premio Nobel de la Paz.

Si sabes inglés, lee también:

1) Jonathan Watts, *Greta Thunberg, schoolgirl climate change warrior: "Some people can let things go. I can't"*, «Theguardian.com», 11 de marzo de 2019.

https://www.theguardian.com/world/2019/mar/11/greta-thunberg-schoolgirl-climate-change-warrior-some-people-can-let-things-go-i-cant

2) Damian Carrington, *"Our leaders are like children," school strike founder tells climate summit*, «Theguardian.com», 4 de diciembre de 2018.

https://www.theguardian.com/environment/2018/dec/04/leaders-like-children-school-strike-founder-greta-thunberg-tells-un-climate-summit

3) Masha Gessen, *The fifteen-years old climate activist who is demanding a new kind of politics*, «Newyorker.com», 2 de octubre de 2018.

https://www.newyorker.com/news/our-columnists/the-fifteen-year-old-climate-activist-who-is-demanding-a-new-kind-of-politics

4) David Crouch, *The Swedish 15-year-old who's cutting class to fight the climate crisis*, «Theguardian.com», 1 de septiembre de 2018.

https://www.theguardian.com/science/2018/sep/01/swedish-15-year-old-cutting-class-to-fight-the-climate-crisis

5) Jonathan Watts, *A Teen Started a Global Climate Protest. What Are You Doing?*, «wired.com», 12 de marzo de 2019.

https://www.wired.com/story/a-teen-started-a-global-climate-protest-what-are-you-doing/

6) Bard Wilkinson, *Climate change: Australian school children stage strike in protest*, «edition. CNN.com», 30 de noviembre de 2018.

https://edition.cnn.com/2018/11/30/australia/australia-school-climate-strike-scli-intl/index.html

7) *Climate crusading schoolgirl Greta Thunberg pleads next generation's case,* publicado en la sección Europe News & Top Stories de la web de «The Straits Times», 5 de diciembre de 2018.

https://www.straitstimes.com/world/europe/climate-crusading-schoolgirl-greta-thunberg-pleads-next-generations-case

8) *Greta Thunberg nominated for Nobel peace prize*, «Theguardian.com», 14 de marzo de 2019.

https://www.theguardian.com/world/2019/mar/14/greta-thunberg-nominated-nobel-peace-prize

9) *Greta Thunberg: "Why I began the climate protests that are going global"*, «newscientist.com», 13 de marzo de 2019.

https://www.newscientist.com/article/mg24132213-400-greta-thunberg-why-i-began-the-climate-protests-that-are-going-global/

10) *I'm striking from school to protest inaction on climate change – you should too | Greta Thunberg,* «Theguardian.com», 26 de noviembre de 2018.

https://www.theguardian.com/commentisfree/2018/nov/26/im-striking-from-school-for-climate-change-too-save-the-world-australians-students-should-too

11) Andrea Germanos, *This Is Our Darkest Hour. With Declaration of Rebellion, New Group Vows Mass Civil Disobedience to Save Planet,* «commondreams.org», 31 de octubre de 2018.

https://www.commondreams.org/news/2018/10/31/our-darkest-hour-declaration-rebellion-new-group-vows-mass-civil-disobedience-save

12) *You Are Stealing Our Future. Greta Thunberg, 15, Condemns the World's Inaction on Climate Change*, «democracynow.org», 13 de diciembre de 2018.

https://www.democracynow.org/2018/12/13/you_are_stealing_our_future_greta